AF509125

SIGNIFICATION DES SYMBOLES

CONSTATÉS A PONTMAIN

DANS

L'APPARITION DE LA TRÈS-SAINTE VIERGE

Conformément à l'opuscule approuvé par Mgr de Laval, qui a pour titre :
L'Événement de Pontmain, de M. l'abbé Richard.

PAR

L'abbé JOSEPH-ANTOINE BOULLAN

DOCTEUR EN THÉOLOGIE

Rédacteur en chef des *Annales de la Sainteté au XIXe siècle*.

PONTMAIN
CHEZ URBAIN FRITEAU
PAR LANDIVY (MAYENNE).

PARIS
CHEZ L'AUTEUR
RUE DE VAUGIRARD, 77.

1871

AUX PIEUX PÈLERINS DE PONTMAIN.

L'Apparition de la très-sainte Vierge, à Pontmain, petit village du canton de Landivy, dans le diocèse de Laval, est désormais une réalité démontrée et une vérité qu'il n'est pas permis de révoquer en doute, pour tous ceux qui ont fait une étude approfondie de ce grand fait. Les enfants, heureux témoins de ce grand prodige de la miséricorde de notre céleste Mère, ont vu réellement et véritablement la belle Dame, c'est-à-dire, l'auguste Vierge Marie, ils ne sont ni trompés ni trompeurs.

Nul ne saurait être admis à voir ici une fraude, ou une imposture. De même il n'y a en aucune manière illusion, hallucination et autres suppositions de ce genre. Les témoins, interrogés séparément et sans qu'il leur ait été possible de se concerter, font connaître les mêmes détails. Ils révèlent à l'unanimité toutes les circonstances les plus minutieuses, sans se contredire les uns les autres. Ils n'ont jamais varié dans leurs affirmations, et rien ne peut leur faire dire le contraire de ce qu'ils ont vu dans cette admirable vision. Ils n'ajoutent rien, ils ne retranchent pas un iota, ils ne font point de modification dans leur récit, et aujourd'hui ils redisent avec précision et exactitude ce qu'ils répétaient dans l'enthousiasme de la vision, au moment même de la céleste et solennelle apparition.

Si le témoignage humain a une valeur, et la saine raison ne nous permet pas d'en douter, il faut nécessairement admettre que la très-sainte Vierge a daigné apparaître à Pontmain, le 17 janvier 1871, avec tous les caractères décrits par les enfants , et reconnaître que leur récit est véridique.

Un prêtre pieux, écrivain distingué, M. l'abbé Richard, aumônier des Sœurs de l'Espérance, à Laval, a fait connaître dans son opuscule : *l'Événement de Pontmain*, tout ce qui concerne les faits racontés par les témoins de l'apparition. Ce travail est d'une exactitude qui ne laisse rien à désirer, nul ne saurait faire mieux. En outre, en le revêtant de l'*imprimatur*, l'autorité épiscopale lui a donné une sanction qui ne permet plus de confondre cet OPUSCULE avec tout ce que la spéculation a tenté de publier.

Notre but est de compléter l'opuscule : *l'Événement de Pontmain*. Nous expliquons le sens du texte divin qui nous est donné et dont l'authenticité est certaine, contrôlée et certifiée. Si notre interprétation est logique, si elle est conforme aux principes et aux règles de la science des symboles, dès lors ce que nous enseignons emprunte une grande valeur au texte divin dont nous traduisons la signification mystérieuse.

Tous nos lecteurs comprendront sans peine que notre travail tire son importance de l'Apparition elle-même. C'est une interprétation, un commentaire, une traduction d'une parole divine symboliquement exprimée. A ce titre nous appelons sur notre œuvre l'attention et la méditation des pieux croyants à la merveilleuse apparition de l'auguste Vierge Marie à Pontmain.

Paris, le 19 septembre 1871.

SIGNIFICATION DES SYMBOLES

CONSTATÉS A PONTMAIN

DANS

L'APPARITION DE LA TRÈS-SAINTE VIERGE

CHAPITRE PREMIER

Importance et signification profonde des symboles divins. — Les enfants ont constaté avec précision et exactitude tous les symboles de l'Apparition de Pontmain. — Par tous ces symboles le titre de l'auguste Vierge de Pontmain est celui de souveraine Impératrice du Ciel et de la terre. — Signification du diadème, des vêtements et des chaussures de la céleste Reine. — La très-sainte Vierge a pris tout à coup une grandeur surhumaine. — Ce que nous devons entendre par les étoiles qui apparaissent sur la robe, et celles qui sont nommées étoiles du temps. — Signification de l'auréole bleue en forme de cercle. — Ce que signifie le choix des enfants comme témoins, à l'exclusion des autres, dans cette solennelle Apparition.

La souveraine Impératrice des anges et des hommes, l'auguste Vierge Marie, en descendant du haut de son trône sublime dans le Ciel, doit instruire et éclairer les habitants de la terre. Mais les secrets qu'elle vient de révéler rendent souvent nécessaire, pour ses grands desseins envers nous, le recours au langage des symboles divins. Par cette écriture mystérieuse, l'auguste Reine des anges peut nous apprendre ce qui ne saurait être exprimé dans des volumes entiers, selon notre langage ordinaire, trop suffisant et trop imparfait.

Les symboles divins sont le moyen le plus rapide, le plus sûr, le plus fécond, de donner un enseignement. Il y a une science pour lire les symboles, comme il en existe une pour déchiffrer les hiéroglyphes égyptiens. Celui qui connaît la loi des symboles sait ce qui a été écrit d'une manière bien plus parfaite que ceux qui ont entendu ou vu les paroles du langage usuel parmi nous.

Nous lisons aux Actes des apôtres que Moïse avait été instruit dans cette science : *Et eruditus est Moyses in omni sapientia Ægyptiorum.* C'est pourquoi il connaissait à fond tout ce que Dieu avait écrit dans le symbolisme de la loi judaïque. Pendant des siècles les prêtres conservèrent avec un soin jaloux les traditions pour comprendre les symboles, et les grands génies qui ont éclairé les hommes vinrent puiser à leur école ce qu'ils ont laissé dans leurs livres. La synagogue a eu dans son sein, à toutes les époques, des prophètes inspirés de Dieu ou des docteurs de la loi sachant lire dans les symboles tout ce qui était signifié par ce langage, bien supérieur à celui dont les hommes se servent entre eux.

Sous le règne de la loi de grâce, la science des symboles est devenue moins nécessaire, parce que l'Église a un oracle infaillible perpétuellement vivant dans son chef visible, le Vicaire de Jésus-Christ sur la terre. De nos jours, la grande utilité de la science de cette écriture divine est pour entendre les prophéties et les apparitions de Notre-Seigneur, de la très-sainte Vierge et des saints, venant révéler les mystères de l'avenir, nous éclairer sur les desseins du Ciel, nous donner les leçons pour éviter les malheurs qui menacent d'éclater sur nos têtes et autres choses pour notre bien.

Dans son apparition à Pontmain, la très-sainte Vierge a fait lire ces paroles : « MAIS PRIEZ, MES ENFANTS, DIEU VOUS EXAUCERA EN PEU DE TEMPS. MON FILS SE LAISSE TOUCHER. » A côté de ce texte en langage vulgaire, il y a un autre enseignement mystérieux exprimé par les symboles divins que les enfants, témoins bénis de ce grand prodige, ont constaté avec une rigoureuse exactitude, et que nous avons appris par la relation authentique, faite au nom de l'autorité et revêtue du visa officiel par l'*imprimatur* accordé par l'évêque.

Nous connaissions tous les symboles divins par lesquels la très-sainte Vierge Marie, dans son apparition à Pontmain, a voulu révéler les secrets de l'avenir, manifester les desseins de son Cœur immaculé, nous avertir des périls qui nous menacent, nous montrer par quels moyens et par quelles institutions le ciel veut sauver les âmes. Il ne s'agit que de préciser, selon les vraies notions de la science des symboles, la signification exacte, rigoureuse et véritable, de ce qui a été exprimé, et dont le texte authentique est entre nos mains. Nous avons la confiance que nous ne nous écarterons en rien de la vérité, ne déclinant ni à droite ni à gauche, à l'aide du secours de la lumière d'en haut. Car nous suivrons en tout la loi des symboles, et notre interprétation sera toujours conforme à la science sacrée, notre règle suprême.

L'apparition de la très-sainte Vierge à Pontmain est le complément divin des apparitions qui ont eu lieu, il y a quelques années, à la Salette, à Lourdes et au Cerretto, en Italie. Par ces trois manifestations surnaturelles et célestes, qui ouvrent l'ère des temps nouveaux, l'auguste Reine s'est révélée, dans la première, comme réparatrice universelle, réconciliatrice des pécheurs avec Dieu; dans la seconde, comme lumière du monde, par son privilége unique de Vierge-Mère immaculée; dans la troisième, comme le remède souverain des maux de la terre, en tant que Mère des douleurs, associée à son divin Fils sur le Calvaire pour l'œuvre de la Rédemption.

A Pontmain, la très-sainte Vierge se montre à nous comme la souveraine Impératrice du royaume de Dieu; elle nous annonce que le jour d'une ère nouvelle va luire, celle de la venue de son règne, afin que par elle, en elle et avec elle, advienne le règne de son divin Fils Jésus dans tous les cœurs des hommes et sur toute la sur-

face de la terre. L'apparition de la céleste Mère à Pontmain a pour but de nous apprendre cette grande nouvelle qui doit faire tressaillir d'allégresse tous les enfants
de Dieu, *le règne de Marie est proche*, et les jours de
triomphe de l'Église ne sont plus éloignés ; l'heure est
venue où les méchants vont périr, s'ils ne viennent pas à
résipiscence.

Tous les symboles de l'apparition confirment l'interprétation que nous donnons de ce titre de la très-sainte
Vierge de Pontmain. Les enfants ont constaté que la belle
Dame, objet de leur vision, avait un vêtement bleu par-
semé d'étoiles d'or. Un grand cercle bleu comme la robe,
ovale, large comme la main, forme son auréole, et dans
ce cercle il y a quatre cierges, deux à la hauteur des genoux et deux à la hauteur des épaules, et ceux-ci, vers
la fin de l'apparition, sont allumés par un ange, dont
nous expliquerons le titre et la mission.

Mais il importe surtout de donner la signification du
diadème. Il était d'une forme spéciale et tout doré ; au
milieu un filet rouge était mis en application tout autour.
Nous retrouvons la forme de ce diadème sur les monu-
ments les plus antiques, pour signifier une suprême sou-
veraineté qui est subordonnée à une autre supérieure à
laquelle celle-ci est associée. Le tissu rouge appliqué
fait entendre que l'auguste Vierge Marie ne règne que
par l'efficacité et les mérites du sang de notre divin Sauveur. Le diadème est un grand symbole qui nous révèle
la souveraine Impératrice du Ciel et de la terre dominant
sur toutes les légions infernales de l'abîme.

Le vêtement de la très-sainte Vierge à Pontmain est
d'un bleu céleste que les enfants, heureux témoins de
l'apparition, savent très bien distinguer parmi les nuances
multiples et délicates de cette couleur. Cela signifie la
vraie dévotion et la confiance, que les habitants de la terre
doivent avoir envers la souveraine Impératrice. La robe est
sans ceinture, afin de nous apprendre que notre piété,

notre amour et notre espérance doivent être aussi par-
faits que possible et ne jamais cesser pendant toute
notre vie.

La chaussure des pieds est également bleue, et elle était
rattachée par un cordon en or; ce symbole signifie que
toutes les affections de notre âme doivent être inspirées
et dirigées par l'auguste Reine du Ciel et tendre à nous
unir à Elle par les liens d'une charité pure et ardente.

Le vénérable curé de Pontmain, M. l'abbé Guérin,
averti, vint donner par sa présence à la réunion des
personnes qui étaient là un caractère spécial; l'Église
eut dès lors son représentant avec tous les élus de Marie.
A ce moment, pendant la récitation du *Chapelet*, la
Dame sembla monter et grandit tout à coup. Tous les
enfants dirent qu'elle était maintenant deux fois grande
comme Sœur Vitaline, c'est-à-dire que la très-sainte
Vierge avait pris des proportions d'une grandeur surhumaine.

Alors, il y eut dans l'écriture des symboles quelque
chose de nouveau et de profondément significatif. « Les
étoiles de la robe se multiplièrent, disent les enfants, au
point d'être comme une fourmilière, *la robe en parut
toute dorée.* » C'est à ce moment que les enfants distin-
guèrent avec soin non-seulement des étoiles ordinaires,
mais même des étoiles de la robe, ce qu'ils nomment les
étoiles du temps.

Il est évident que les enfants sont inspirés du Ciel
pour préciser avec tant d'exactitude ces symboles divins,
et les désigner par une expression rigoureuse, afin qu'il
soit possible de donner la signification à chacun d'eux
et en déterminer le sens pour notre édification et notre
enseignement.

La très-sainte Vierge de Pontmain, ainsi qu'il a été
dit, est la céleste Mère se révélant à nous comme la souveraine Impératrice, dont le règne va commencer et
dans les âmes et dans le monde, afin qu'advienne le

règne de Jésus-Christ, selon la prière incessante de l'Église dans le *Pater*. Le règne de Marie aura pour caractère spécial et visible l'intervention des Anges, leur action dans le gouvernement des nations et leur influence salutaire dans la direction des âmes. Aussi, la très-sainte Vierge de Pontmain a sa robe toute parsemée d'étoiles, et *ces étoiles sont des Anges*, de telle sorte qu'elle en est toute dorée; et plus son règne s'étend et plus les Anges se rendent sensibles et se multiplient en nombre infini sur le vêtement de la céleste Mère. Elle-même dans ces temps bénis nous apparaît dans une grandeur qui élargit le cercle de nos idées envers elle.

Les *étoiles du temps* sont des Saints, et ce symbole mystérieux nous apprend qu'il y a des Saints dont la mission a été réservée pour l'ère du règne de Marie; ils se manifestent d'une manière unique, parce qu'ils seront les instruments de l'auguste Reine dans le gouvernement de la terre, pour conduire les âmes à un sommet de perfection qui donnera au Ciel les plus grands Élus de Dieu.

Tous ceux qui servent Satan et font les œuvres qu'il inspire, ceux qui s'emparent du bien du prochain par une injustice quelconque, ceux qui se livrent au démon de la volupté et commettent l'impudicité sous les formes multiples et variées d'une débauche honteuse, ceux qui font abus de l'autorité pour opprimer les faibles et les ignorants, ceux qui séduisent par des promesses trompeuses leurs frères, toute l'immense légion des athées, des impies, des mécréants, qui s'obstinent dans leur endurcissement et ne veulent pas entendre les appels réitérés de notre céleste Mère; tous ceux qui violent leurs devoirs sacrés de mère, d'époux, de ministre du Seigneur; en un mot, tous les grands coupables devant Dieu sont invités à se repentir, à demander grâce, car l'heure du châtiment est proche. Aucun de ces malheureux ne verra le règne de Marie ici-bas, s'il ne se hâte de rentrer en lui-même par une sincère conversion.

Dieu a permis le règne de la Commune à titre d'exemple pour l'avenir; à cette occasion il a moissonné dans les rangs de ceux dont nous avons fait l'énumération. Parmi tant de milliers d'hommes fusillés derrière les barricades, au coin des rues, et partout dans l'immense capitale, nous le disons sans crainte d'être démentis, il n'y en a pas un seul qui appartînt à Marie. Il est évident que je n'entends pas parler ici des bons, dont Dieu a permis l'immolation pour punir les méchants; Dieu est obligé de sacrifier quelques-uns de ceux qu'il aime, de même qu'il en sauve quelques-uns parmi les méchants. Il s'agit de la loi générale du châtiment, et il est certain que ceux qui seront protégés par l'auguste Vierge Marie, à cause de leur dévotion spéciale envers elle, seront préservés, généralement parlant, de carnage et de massacre, au milieu des événements attendus, à moins qu'il n'ait plu à Dieu d'en faire des victimes innocentes et pures, pour être un holocauste de suavité à ses yeux, et les martyrs élus pour préparer le règne de Marie.

Ne nous faisons pas illusion, la justice de Dieu n'est point satisfaite, les hommes n'ont pas encore opéré leur conversion. Il suffit de jeter un coup d'œil sur les nations de l'Europe pour voir que nous sommes loin d'avoir vu la fin des malheurs qui nous menacent. Mais la prière des enfants de Marie touche le Cœur du divin Jésus, et nous serons sauvés du déluge de la révolution.

Le large cercle bleu qui forme l'auréole et au milieu duquel sont les quatre flambeaux mystérieux, dont nous parlerons dans la suite, signifie qu'il faut entrer dans la voie de la dévotion à Marie, si on ne veut être exposé à n'avoir aucune part au triomphe de l'Église. « Toutes les grâces, nous disent les saints Pères, nous sont distribuées par les mains de Marie. » Mais, dans l'ère de son règne, cette règle sera rigoureusement mise en application. Malheur à ceux qui n'aimeront point Marie, trois fois malheur à ceux qui ne viendront pas chercher un asile sous les ailes de sa protection. C'est le cercle magique et sacré de la divine miséricorde, de la bonté et de l'amour, hors duquel nulle créature ne saurait trouver que la malédiction, Satan, le péché et les châtiments éternels réservés aux maudits de Dieu.

Le cœur fidèle surabonde de joie à la vue de cette condescendance de la souveraine Impératrice, se manifestant dans tous les attraits de sa grandeur, de sa beauté, de sa dignité, de sa puissance, de sa miséricorde et de la multiplicité des grâces dont Elle a la dispensation. Reine des Anges, elle veut aussi être l'auguste Reine du monde et des âmes, et c'est ce qu'elle nous apprend dans son apparition à Pontmain.

Dans le choix fait par la très-sainte Vierge des enfants, comme témoins bénis de son apparition à Pontmain, il y a une leçon très-importante à recueillir. A la Salette, à Lourdes, au Cerretto, l'auguste Reine a aussi élu des enfants pour se révéler à eux, lui confier ses secrets et les rendre dépositaires des trésors ineffables de ses grâces. Mais à la Salette elle n'a pris que deux témoins, et un seul à Lourdes et au Cerretto, et dans les deux derniers cas des jeunes filles. A Pontmain, elle prend des jeunes garçons et des jeunes filles, sans exclure les plus petits enfants, et tous voient, contemplent et constatent, à l'unanimité, sans hésitation et avec enthousiasme, la longue série des phénomènes accomplis. L'apparition dure trois heures et demie, c'est un nombre sacré et mystérieux, car en Dieu tout se fait avec nombre, poids et mesure.

Toutes les personnes, à l'exception des enfants, sont exclues du privilége de voir l'admirable apparition. La raison de ce fait symbolique est très-facile à saisir, car le divin Sauveur nous apprend lui-même dans l'Évangile que « quiconque ne deviendra pas semblable à un petit enfant n'entrera pas dans le royaume de Dieu. » Cette parole nous dispense d'approfondir davantage le choix spécial des enfants pour être les témoins de l'apparition de Pontmain. Mais le grand nombre des enfants qui ont vu est d'une signification très-importante.

Ce grand fait symbolique nous révèle que les enfants de Marie s'élèvent à un chiffre très-considérable sur la terre. Mais avant le commencement de ce règne, Dieu va exercer sa justice, il prendra la terre par ses pôles et en la secouant il fera périr les impies. « Le Seigneur, » dit le prophète Ézéchiel, dont les paroles s'appliquent à l'époque où nous vivons, « va envoyer son Ange marquer d'un signe ceux qui doivent être sauvés et ceux qui vont être frappés par les Anges ministres des châtiments du Très-Haut. »

CHAPITRE II

L'auguste Vierge de Pontmain priait les mains élevées à la manière des prêtres. — Pendant l'apparition Elle est souriante ou triste selon les dispositions des assistants. — Ce que signifient l'époque et la durée de l'apparition. — Toutes les paroles ont été écrites et les symboles ont été développés au milieu d'une prière incessante et solennelle. — Merveilleuse beauté de la Dame de Pontmain. — Signification des mots : *Dieu vous exaucera en peu de temps.* — Il y avait une croix rouge sur la poitrine de la très-sainte Vierge ; ce qu'elle a fait entendre lorsque dans la suite elle a présenté aux enfants le crucifix avec un Christ rouge. — L'auguste Marie sera plus connue et plus aimée aux jours prochains de son règne sur la terre.

Dans l'apparition de la très-sainte Vierge à Pontmain tout est symbolique. Dès lors tout est significatif et plein d'un mystérieux enseignement. Les enfants, élus de Dieu pour voir ce grand prodige, ont constaté avec fidélité, exactitude et précision, tous les symboles, et nous en avons une relation authentique. « La céleste Marie, nous disent-ils, élève les mains à la hauteur des épaules ; elle prie à la manière des prêtres, » et ceci confirme hautement la signification que nous avons donnée du titre de la très-sainte Vierge de Pontmain, savoir que l'auguste Marie se révèle ici comme souveraine Impératrice pour annoncer la venue de son règne.

La Reine des Anges prie en élevant les mains, parce qu'elle est la toute-puissante suppliante ; le divin Jésus sur la croix priait avec de grands cris et des larmes, *cum clamore valido et lacrymis.* Il faut remarquer aussi le symbole où la céleste Mère agite ses doigts lentement, lorsque l'assistance chante le cantique : *Mère de l'Espérance ;* c'est pour nous apprendre que l'auguste Vierge Immaculée s'unit à nos prières et y ajoute le poids de son intercession. Nos prières ainsi montent au pied du trône de Dieu, non plus telles que nous les faisons, mais accompagnées par la suavité de la souveraine Impératrice du Ciel, et par là elles sont exaucées à cause du respect qui est dû à cette incomparable Reine.

Le visage de la très-sainte Vierge s'imprégnait de tristesse, si les assistants détournaient leur attention et se livraient à de frivoles distractions. Mais lorsque, vaincus par l'accord unanime des enfants, leur accent de sincérité et l'émotion dont ils se sentaient pénétrés, les incrédules versaient des larmes, la belle Dame souriait. « Voilà qu'elle rit, » s'écrièrent les enfants à la fois, au moment où venaient d'être écrits ces mots : *Dieu vous exaucera en peu de temps.*

Le Sauveur disait à ses apôtres la veille de sa Passion sur la croix du Calvaire : Encore un peu de temps, et vous serez dans la joie, parce que vous aurez vu ma résurrection, reçu l'Esprit-Saint et tous ses dons, et annoncé l'Évangile qui est le salut du monde. Ainsi, en peu de temps, nous révèle l'auguste Impératrice, Dieu vous exaucera ; sans doute vous êtes à la veille de voir des calamités terribles s'abattre sur les nations, vous allez verser des larmes amères sur le châtiment que Dieu prépare contre ceux qui repoussent la foi, la piété, la dévotion, mais vous serez exaucés, car j'ai prié pour vous, et j'ai obtenu de régner sur la terre, afin que le règne de Dieu advienne dans les cœurs et parmi les nations. « L'Église verra luire, par moi, dit Marie, les jours de son triomphe. »

L'apparition de la très-sainte Vierge à Pontmain a eu lieu le soir, au milieu de l'obscurité de la nuit, au mois de janvier, de cinq heures un quart à neuf heures moins un quart. Le froid était très-rigoureux, et les personnes au nombre d'environ soixante qui étaient réunies là, étaient obligées de se protéger contre les rigueurs de la saison ; les étoiles du firmament brillaient seules dans le ciel.

Nous savons tous les ravages que les doctrines perverses ne cessent de faire au sein de toutes les nations ; il y a des athées, des matérialistes sans nombre dans le monde, la foi n'a son refuge que dans les cœurs privilégiés et dans des paroisses obscures, où le prêtre a entretenu la fréquentation des sacrements, conservé les mœurs pures et mis en honneur l'enseignement de l'Église. Le monde est plongé dans les ténèbres épaisses de l'erreur ; il est saisi par le froid de la corruption et de la débauche. Les anges seuls entourent Marie, et avec les anges tous ceux qui aiment la dévotion à la très-sainte Vierge. Tous ces symboles qui ont accompagné l'apparition sont l'image de la situation morale des esprits et des cœurs dans les temps où nous vivons.

La durée de cette solennelle apparition signifie le temps qui sépare les événements qui menacent d'éclater sur nos têtes de l'avénement du règne de Marie et du commencement du triomphe de l'Église.

« Priez, mes enfants, dit la céleste Mère, parce que la victoire sur Satan et les méchants sera le fruit et la récompense des vœux des pieux dévots de Marie. » C'est les prières de ceux qui aiment à s'appeler du doux nom des enfants de Marie et qui le sont par leur foi, leur piété et leurs bonnes œuvres, qui feront descendre les anges du Ciel à notre secours, pour faire périr les impies, les mécréants, les apostats, les violateurs de la loi divine, et sauver les bons au milieu du déluge de maux et de fléaux de toutes sortes dont la terre sera inondée.

Un point rond semblable à un soleil termine ses paroles : « Mais priez, mes enfants, Dieu vous exaucera en peu de temps. » Et ces mots sont en or, écrits sur un rouleau couleur du temps. Tout cela signifie que cet avis céleste est une condition absolue pour notre salut ; si, par malheur, les pieux dévots à Marie ne priaient pas, — mais cela n'est pas possible, — le monde serait submergé dans le feu et enseveli sous les ruines et les décombres, ainsi que la Commune avait résolu de le faire à l'égard de Paris et comme les méchants en menacent Rome.

Toute l'apparition de la très-sainte Vierge à Pontmain s'est développée par la prière, et au milieu d'une prière humble, persévérante et incessante. Là mère des deux enfants qui, les premiers, ont vu la belle Dame dans la région inférieure de l'air, suspendue comme une Immaculée Conception et placée dans un trépied mystérieux d'étoiles, a ordonné la prière par inspiration du Ciel; par là sa foi s'est affermie, et les voisins sont venus se joindre à elle, ainsi que d'autres assistants.

La très-sainte Vierge a pris des proportions de grandeur surhumaine, et les étoiles, c'est-à-dire les anges ont apparu en plus grand nombre dès que le vénéré curé de la paroisse a dit : *Prions*, et que le chapelet a été récité par sœur Marie-Édouard. Au chant du *Magnificat*, l'hymne par excellence qui glorifie l'auguste Reine des anges, le mot *Mais* a été formé, et il n'était pas terminé que ces mots : « Mais priez, mes enfants, » étaient écrits.

En attendant, la belle Dame souriait ; dans son amour maternel elle était dans la joie, parce qu'elle venait de manifester, à ceux qu'elle veut sauver, la condition à remplir pour atteindre ce but. « Voilà qu'elle rit! » s'écrient les enfants bénis. Et ils se réjouissent en applaudissant des mains, et ils répètent, ravis d'admiration : « Oh! qu'elle est belle ! oh! qu'elle est belle! » Qui pourrait douter de la beauté de Celle qui se révèle comme souveraine Impératrice de la terre et qui vient annoncer que l'heure de l'avénement de son règne va enfin sonner au cadran de l'éternité?

Le vénérable prêtre ajouta : « Il faut chanter les litanies. » Le Ciel semblait obéir à la prière, car, dès la première invocation, il commença à se former de nouvelles lettres, et ces mots furent écrits : « Dieu vous exaucera en peu de temps. » Au chant de l'*Inviolata*, les enfants virent écrire ces paroles : « Mon Fils… » Tous les assistants comprirent que c'était Elle, c'est-à-dire la très-sainte Vierge. Cette conviction était déjà dans tous les cœurs, maintenant le doute n'était plus possible. Pendant qu'on chantait le *Salve Regina*, et avant la fin, les témoins élus de Dieu purent lire cet avertissement céleste : « Mon Fils se laisse toucher. »

L'assistance était sous le poids d'une émotion céleste, les âmes recueillaient avec avidité dans le silence les suaves consolations des promesses célestes. Le juste Juge commence à se laisser toucher, il est dès lors permis de croire que les méchants ne pourront point parvenir à établir leur règne satanique et que l'Église redeviendra glorieuse et prospère, se dilatera de nouveau pour couvrir la terre d'élus. Aussi chacun se livre à la joie en même temps qu'il verse des larmes, tous les doutes se sont dissipés, parce que chacun voit sur le visage des enfants la sincérité de leur témoignage. Ceux-ci sont joyeux de la joie de la très-sainte Vierge, et personne n'ignore que tout effet supposant une cause, il faut donc que les enfants voient réellement pour décrire avec tant de précision la consolante apparition.

Tous les pieux croyants de l'apparition de la très-sainte Vierge à Pontmain ont sans doute à cœur de savoir ce que signifient en durée ces mots : *Dieu vous exaucera en peu de temps.* Il faut se rappeler ici que l'apparition a eu lieu le 17 janvier, c'est-à-dire au moment où un ennemi insolent et enivré d'orgueil envahissait le sol de la patrie et semait sur ses pas la dévastation et les horreurs de la guerre. Il était facile à chacun de voir les calamités dont la France était accablée ; l'auguste Reine du ciel a révélé, d'abord, par ce mot : *Mais*, séparé des autres par un intervalle de dix minutes, que dans deux mois des malheurs encore plus durs et plus terribles que ceux de l'invasion étrangère nous menaçaient et étaient près d'éclater sur nos têtes. Nous avons vu la vérité de ces paroles.

Le règne de la Commune, en effet, a fait pâlir par ses

incendies, ses ruines, la mise à mort des otages, le pillage des couvents, la dévastation des églises, la suppression du culte, l'oppression de tous les bons, en un mot par tous ses excès d'odieuse mémoire, les maux dont les Prussiens avaient couvert la France. Aussi la très-sainte Vierge veut nous inculquer la nécessité de la prière.

« En peu de temps, dit la céleste Mère, Dieu vous exaucera, » c'est-à-dire qu'il y a encore une série de fléaux et de calamités à subir avant la venue du règne de Marie; il ne saurait être permis d'en douter. Il s'agit dès lors de chercher la durée de ce temps, et, pour cela, il suffit de jeter les yeux sur les événements qui s'accomplissent en Italie. C'est là que se forme la tempête qui se déchaînera dans le monde. Ne croyons pas que le Vicaire de Jésus-Christ puisse être honni, insulté, privé de sa liberté, sans que les nations soient châtiées. Et qui peut dire où s'arrêteront les attentats contre le Pontife aimé de Marie?

Il faut aller au fond, car le mal a sa logique fatale; la révolution consommera dès lors toute iniquité, et par une loi nécessaire la terre verra des jours de deuil et de désolation. La Commune a livré le programme, et nous verrons le feu continuer l'œuvre de destruction. Le sang couvrira encore le sol, et les fléaux qui accompagnent toujours les guerres dépeupleront les nations. Ce que nous disons ici est certain, car notre interprétation des symboles de l'apparition est conforme à la science et aux règles qui doivent diriger en ces matières.

La mesure des crimes à l'égard du Vicaire de Jésus-Christ sera celle des malheurs dont l'Europe sera frappée, et la durée du temps pour consommer la grande iniquité envers le Pontife saint qui siége sur le trône indéfectible de Pierre, sera celle des calamités qui seront le châtiment des péchés des enfants des hommes. L'auguste Reine des anges a écrit ses avertissements en lettres d'or, parce que la charité, la miséricorde et la compassion ont inspiré à son cœur maternel cet acte de condescendance et de bonté.

« Il y avait sur la poitrine de la très-sainte Vierge, disent les enfants, une petite croix rouge grande comme le doigt. » Ce symbole nous apprend que la pensée de Jésus crucifié doit être toujours présente à notre esprit au milieu de notre dévotion à Marie. L'auguste Reine des anges est la Mère véritable de nos âmes, aussi réellement que notre mère selon la chair nous a engendrés à la lumière de ce monde ; le divin Jésus est notre Père, et par lui nous naissons en Marie à la vie de la grâce. La vie surnaturelle nous est communiquée par Marie, notre céleste Mère, tandis que la source première de cette vie est en Jésus-Christ, qui nous l'a méritée par l'effusion de son sang sur la croix.

La très-sainte Vierge, dans son apparition à Pontmain, nous a donné l'avertissement de prier, et Elle a souri avec bonheur, car en union avec Elle et par le secours des anges et des saints nous obtiendrons notre salut. Enfin, un rouleau couleur du temps passa rapidement sur les lettres, parce que ces paroles n'ont d'autre but que de nous engager à la prière, et ce but atteint elles tomberont dans l'oubli et s'effaceront. Mais le mystère du symbole qui suit est d'une importance plus grande.

« L'auguste Reine des anges retombe dans la tristesse, » s'écrient les enfants. En même temps ils virent une croix rouge sur laquelle était un Christ de la même couleur. Cette croix, haute de soixante centimètres, n'était plus sur la poitrine, mais aux pieds de la belle Dame. Il faut notre coopération pour que Jésus et Marie opèrent le salut des âmes et celui des peuples et des nations. Jésus nous apparaît baigné dans son sang, sur la croix ensanglantée ; le mystère du Calvaire remplit les siècles et s'étend à toutes les générations, et c'est toujours par l'effusion du sang que nous sommes sauvés. »

« Abaissant ses mains, disent les témoins du prodige,

» la très-sainte Vierge saisit le crucifix, Elle le tint dans
» ses deux mains un peu incliné vers les enfants, à qui
» elle semblait le présenter. Pendant ce temps l'assis-
» tance chanta : *Parce Domine*. La très-sainte Vierge,
» triste et recueillie, semblait prier avec les assistants. »

C'est ici le moment le plus solennel et le plus mystérieux de cette prodigieuse et admirable apparition de la
très-sainte Vierge. Nul ne l'ignore au sein de l'Église,
nous allons à Jésus par Marie, et la céleste Mère ne veut
nous attirer à Elle par la suavité de son amour qu'afin de
nous conduire au divin Sauveur. Il y a donc dans la dévotion à Marie l'amour de la Croix, puisque l'auguste
Reine des anges offre à ceux qu'elle aime une croix san-
glante et le divin Jésus ruisselant de sang.

La céleste Mère présente toujours à ceux qui ont eu
une vraie piété pour Elle la croix ensanglantée. Le but de
Marie est de nous procurer la vie de Jésus. C'est une vérité qui brillera aux yeux de tous sous le règne de Marie,
Jésus doit être vivant en nous, vivre dans notre âme, régner sur toutes nos facultés, et par celles-ci, dominer
notre corps, le purifier, le réformer, le régénérer, le
transformer, en un mot, le sanctifier par les vertus dont
le divin Sauveur est le principe et qu'il nous communique
par Marie.

C'est là le grand mystère qu'il faut pénétrer pour entrer dans le règne de Marie, afin que le règne de Dieu advienne dans les âmes et sur la terre, pour renouveler les
cœurs des hommes et les institutions des sociétés. De nos
jours la vérité s'est épanouie dans la sainte Église, nous
avons eu la proclamation du dogme de l'Immaculée Conception, celle de l'infaillibilité du Vicaire de Jésus-Christ;
le saint Concile, par l'assistance du Saint-Esprit, procla-
mera en son temps d'autres vérités.

Mais il y aura aussi un développement doctrinal pour
augmenter la piété dans les âmes; la doctrine sur les
grandeurs de Marie, sur son action dans la régénération

des cœurs, dans le gouvernement des nations, sera mieux expliquée, plus connue; par là l'amour envers la céleste Mère prendra de nouveaux accroissements et aura des racines plus profondes au sein des élus. La céleste Mère nous conduira toujours à Jésus souffrant pour nous sur la croix. Elle tiendra en ses mains une croix rouge sur laquelle est un Christ de même couleur, car le sang a racheté le monde, et la croix par l'effusion du sang peut seule nous sauver. Le grand mystère des symboles de l'apparition de la très-sainte Vierge à Pontmain est là, et nous en entrevoyons la signification sublime.

CHAPITRE III

Fruits précieux dont les tribulations et les fléaux sont la source pour les individus, ainsi que pour les nations. — Tous les signes du temps annoncent une lutte inévitable et le bien triomphe sur le mal. — Signification de l'étoile mystérieuse qui allume les quatre bougies qui sont dans l'auréole bleue; sens de tous ces symboles. — Ce que nous devons entendre par les symboles mystérieux des deux petites croix blanches plantées sur les épaules de l'auguste Vierge de Pontmain. — Rapprochement entre les apparitions de la Salette, de Lourdes, de Cerretto et de Pontmain. — Heureux ceux qui se rendront dignes de voir le règne de Marie.

L'apparition de la très-sainte Vierge à Pontmain est comme un immense océan dont les profondeurs sont des abîmes; plus on sonde les secrets mystérieux des symboles et plus leur signification se révèle avec des splendeurs de doctrine qui ravissent d'admiration et élèvent l'âme jusqu'à une sorte d'extase. Il a plu à Dieu, dans les desseins impénétrables de sa divine prédestination, de nous plonger autrefois dans une épreuve dont la durée a été longue et d'une gravité sans nom. La tribulation a fondu sur nous comme une croix ruisselante de sang, et bon gré mal gré nous y restions attaché, pour souffrir de toutes les manières, par la perte de notre honneur, par les humiliations les plus amères, par les privations les plus terribles, en un mot, c'était une immolation de tout notre être, sans consolation et sans soutien d'aucune sorte. L'espérance seule était notre guide, et elle nous donnait des ailes pour surnager dans cette mer d'angoisses et de douleurs où nous étions submergé.

Mais que Jésus et Marie en soient à jamais bénis ! Si nous avons subi ce que le calice de la tribulation a de plus terrible dans l'excès de ses amertumes, du moins la croix n'a pas été sans fruit pour notre âme, et il nous a été donné de pouvoir apprécier la richesse des trésors divins dont les épreuves, supportées avec résignation , sont la source vivifiante et féconde. Aussi nous ne redoutons nullement les calamités que le Ciel envoie aux peuples et aux nations pour les arrêter dans leurs iniquités et leur ouvrir les voies du triomphe.

Dans notre profonde conviction, l'Italie, l'Allemagne, l'Angleterre, l'Orient et l'Occident vont être passés au crible de la tribulation, la révolution déchaînée amènera des épreuves sanglantes. L'expiation par le sang et par tous les fléaux sera terrible , mais nous savons par la science expérimentale tous les biens qui adviendront par cette voie royale de la croix. Notre devoir est de prier, car il est bien doux au milieu des angoisses, des perplexités de l'esprit et des malheurs qui fondent sur nous, de sentir la main secourable d'un ami qui nous montre le port, où se trouve un asile sûr contre les fureurs de l'ouragan déchaîné.

Les signes du Ciel parlent haut et avec une clarté bien suffisante pour ceux qui veulent croire, mais les événements que nous voyons, principalement en Italie, la révolution qui s'apprête, la loi logique de tout mal, les principes qui dominent au sein de l'Europe, les dispositions des masses, tout annonce aussi que la lutte entre le bien et le mal est inévitable et qu'elle doit amener nécessairement un conflit où couleront des torrents de sang. Il ne s'agit pour nous que de rechercher le moyen efficace de faire pencher l'épée de la justice divine en faveur du bien, et pour amener la conversion des méchants au milieu de l'extermination qui va les atteindre. C'est dans ces dispositions que nous continuons notre travail sur la « signification des symboles de l'apparition de la très-sainte Vierge à Pontmain, » en soulevant le voile des mystérieux secrets qu'ils renferment.

Nous avons exposé le symbole le plus solennel de cette

apparition, lorsque la souveraine Impératrice, suspendue au sein d'une auréole, avec des légions d'anges en nombre incalculable qui l'entourent, et les cohortes des saints représentés par les *étoiles du temps*, rangés en bataille, apparaît tenant dans ses mains la croix où le sang frais et vermeil de son Fils ruisselle et sur laquelle est crucifié le divin Sauveur tout sanglant et baigné de sueur. La céleste Mère incline cette croix vers ceux qui sont simples, naïfs et croyants, pour les convier à unir leurs prières aux siennes, afin que nous soyons sauvés du déluge de maux qui vont inonder la terre.

Tout à coup un nouveau mystère se déroule par un symbole d'une signification bien profonde, car dans cette admirable apparition nous ne cessons d'aller de merveille en merveille. Une étoile, c'est-à-dire un ange, part de sous les pieds de la très-sainte Vierge, il monte vers la gauche, qui est le côté où réside le cœur inspirant l'amour, et, traversant le cercle bleu, il allume le flambeau qui est à la hauteur du genou, puis celui qui est vis-à-vis les épaules. La même étoile, s'élevant au-dessus de la très-sainte Vierge, passe du côté droit et allume les deux autres flambeaux. Ensuite, l'ange remonte, franchit de nouveau l'auréole, vient se placer au-dessus de la tête de la belle Dame, et demeure suspendu là, semblable à un fleuron du diadème de la souveraine Impératrice. Il ne saurait y avoir une seule personne qui puisse révoquer en doute qu'il n'y ait ici un enseignement d'une grande importance, dont nous devons faire notre profit.

Tous les pieux croyants de l'apparition ont à cœur, nous en avons la certitude, de connaître le nom de cet ange qui apparaît sous le symbole d'une étoile, et d'apprendre le secret de la mission qu'il a remplie en cette circonstance si pleine de mystère. L'ange qui se tient sous les pieds de la céleste Mère est celui qui est aimé pardessus tous les autres et qui est le messager spécial des mystères concernant la très-sainte Vierge. Mais non-seulement il est le plus aimé et le messager des grandes choses, il est aussi le plus grand, puisqu'il brille au-dessus de la tête de la belle Dame. Il n'y a dès lors lieu à aucun doute, celui-ci est le glorieux Archange saint Gabriel, un des sept Esprits qui sont autour du trône de Dieu et l'ange spécial à qui le Ciel a confié la garde de l'auguste Vierge.

Pour préparer les âmes au règne de Marie, l'Archange saint Gabriel a la mission de les éclairer par illumination. En premier lieu, il communique la lumière céleste aux âmes humbles, qui sont à la hauteur des genoux, c'est-à-dire à celles qui prient avec ferveur la très-sainte Vierge. Mais il ne suffit pas d'illuminer les cœurs des âmes pures, et le grand Archange donne aussi la lumière aux évêques, aux docteurs, aux prêtres chargés du ministère des âmes, qui sont représentés par le flambeau vis-à-vis des épaules, car les épaules signifient l'autorité, à laquelle ceux-ci participent pour gouverner la sainte Église.

Sous le règne de Marie, dans lequel nous allons entrer, la lumière céleste ne sera pas uniquement le partage des âmes de choix qui sont à gauche, du côté du cœur, mais les anges illumineront aussi celles qui sont à droite. Tous ceux qui auront part à la dévotion envers la très-sainte Vierge, ce qui est signifié par le cercle bleu formant l'auréole, participeront à l'effusion de la divine lumière qui éclairera les esprits et les cœurs. L'illumination de l'Archange ne laissera rien à désirer ; dans sa mission il visitera tous les élus de Marie et les confiera à la garde des innombrables légions qui sont sous ses ordres.

Les enfants interrogés avec soin affirment qu'il y avait dans le cercle quatre bougies, et non des cierges ; et ce symbole signifie d'une manière spéciale que l'illumination des anges aura lieu pour tous, sans acception de personnes, et ne sera pas seulement pour les âmes d'élite et d'une grande vertu.

Alors le grand Archange saint Gabriel se révélera avec une mission nouvelle, il aura un titre nouveau : *celui d'ange de la divine Réparation*, l'œuvre par excellence de la céleste Mère. Messager fidèle, il restera sur la tête de la très-sainte Vierge, afin d'être prompt à exécuter tous les desseins de la miséricorde, de l'amour et de la sagesse de notre souveraine Impératrice.

De même que Dieu a mis en lumière des vérités qui étaient restées dans les trésors de la divine tradition, telles que l'Immaculée Conception, l'Infaillibilité du Vicaire de Jésus-Christ, ainsi il fera briller tout ce qui concerne les grandeurs et les miséricordes de la très-sainte Vierge.

Nous sommes bien éloignés de connaître pleinement tout le plan de Dieu envers Marie, et il faut néanmoins que la terre sache clairement toutes ces merveilles. Déjà les écrits du grand serviteur de Marie, Jean-Jacques Olier, ceux du vénérable Grignon de Montfort, ont ouvert la voie, la sacrée théologie par ses docteurs inspirés et illuminés accomplira cette œuvre. Marie sera plus connue, plus aimée, plus honorée pendant les jours de son règne, c'est pourquoi Jésus régnera plus parfaitement dans les cœurs, et le Ciel verra de grands Élus.

Nous connaîtrons alors que l'auguste Vierge Marie est une Mère qui a une part dans notre vie surnaturelle de la grâce et de la gloire, nous saurons aussi qu'elle va intervenir par des hommes dont elle a fait choix, afin de renouveler la face du monde, car elle va répandre les trésors qu'elle a recueillis pendant sa vie mortelle, ainsi que le glorieux saint Joseph, et qui ont été mis en réserve pour les temps où nous vivons.

Pendant cette scène symbolique, si riche en leçons utiles et consolantes les assistants, silencieux, émus et dans le recueillement, priaient toujours. La Sœur Marie-Édouard entonna l'hymne que l'Église aime tant à redire : *Ave, maris Stella*. La Dame reprit sa pose de l'Immaculée Conception, elle étendit ses bras, comme celle qui est prête à répandre à flots les torrents de la divine grâce. Le Crucifix avait disparu...

Il y eut ici un nouveau symbole mystérieux, dont il importe de sonder la signification et le secret, parce qu'il termine toute la longue série de merveilles de cette prodigieuse et solennelle apparition. « Sur chacune des épaules de la très-sainte Vierge apparut une petite croix blanche, sans Christ, haute de vingt centimètres. » — « Ces croix, disent les enfants, étaient *plantées sur les épaules de la très-sainte Vierge.* » C'est pour nous un devoir d'expliquer la signification de ce symbole.

Tous ceux qui ont des notions sur les divines Écritures n'ignorent pas que la parole de Dieu a toujours un sens spirituel voilé sous le texte littéral, comme sous un symbole ; la science sacrée divise ce sens spirituel en anagogique, tropologique et allégorique, selon qu'il s'applique à l'âme, à l'Église ou à la Jérusalem céleste. En outre, l'Ange de l'école, saint Thomas, et avec lui le torrent des Docteurs nous disent expressément que la parole divine a quelquefois deux sens et s'applique à deux choses ; en outre, il y a les applications diverses de ces sens. Il doit en être ainsi pour les symboles divins d'une apparition surnaturelle et céleste, c'est pourquoi il est facile à chacun de comprendre la richesse de ce langage et la multiplicité des choses qu'il est permis d'y trouver enseignées.

En vertu de ces principes, qui président à la science des symboles ainsi qu'à toute parole divine, nous allons rechercher la signification de ces deux Croix qui sont plantées sur les épaules de la très-sainte Vierge dans l'apparition de Pontmain. En premier lieu, ce symbole signifie que sous l'ère de son règne, l'auguste Vierge Marie va être la Réparatrice universelle de nos fautes, par les larmes, par les travaux, les souffrances et toutes les actions méritoires de sa vie mortelle sur la terre, dont elle fera l'application en notre faveur. Le divin

Jésus nous a rachetés par la Croix, de même la très-sainte Vierge, associée à notre divin Sauveur dans l'œuvre de notre Rédemption, répare pour nous et nous réconcilie avec le divin Père.

La signification de ce symbole est facile à comprendre, puisque la céleste Mère nous annonce la venue de son règne, afin que par elle le règne de Dieu advienne au milieu de la décadence de la foi où nous sommes. Mais ces deux Croix renferment un autre mystère, et il y a dans ce symbole une autre signification. Ces Croix sont aussi deux institutions, c'est-à-dire un Ordre religieux d'hommes et de femmes, et cet Ordre aura dans son sein les Apôtres de Marie que le vénérable Grignon de Montfort a prophétisés, et dont il a dit qu'ils seront puissants en œuvres et en paroles, remplis de l'Esprit-Saint, parce que l'auguste Marie les aura oints et bénis d'une manière spéciale, comme les Élus de son Cœur.

Cet Ordre religieux n'existe point encore, sa naissance doit coïncider avec le commencement du règne de Marie, et la très-sainte Vierge de Pontmain, en nous annonçant l'heure prochaine de la venue de ce règne, prophétise et assure en même temps que cet Ordre va prendre naissance parmi nous. Il nous serait facile d'entrer ici dans de plus longs développements, mais qu'il nous suffise d'avoir indiqué avec précision la signification de ce grand symbole par lequel se termine l'apparition de la très-sainte Vierge à Pontmain. C'est aux âmes élues pour cette œuvre à être comme les vierges prudentes de l'Évangile, attentives et vigilantes, afin d'être prêtes lorsque la céleste Mère les appellera à entrer dans son Ordre béni.

La très-sainte Vierge souriait aux heureux voyants qui s'écriaient : « Voilà qu'elle rit ! Voilà qu'elle rit ! » Mais l'homme ne peut rester toujours sur le Thabor ; le digne et vénéré curé désira que les assistants fissent la prière du soir. A l'examen de conscience un voile blanc, partant de sous les pieds de la très-sainte Vierge, monta lentement. La belle Dame souriait toujours ; or, son visage fut aussi couvert par ce voile, et la couronne seule resta visible avec l'Ange qui la surmontait. Les flambeaux restèrent allumés jusqu'à la fin et ne disparurent qu'avec l'auréole bleue.

Heureux ceux qui verront les jours de bénédiction du règne de Marie, car ils retrouveront son visage avec un sourire de joie dans les splendeurs de la Cité céleste. L'œuvre divine de la Réparation restera sur la terre jusqu'à la fin du monde, et saint Gabriel en restera le guide ici-bas. La doctrine céleste de la Réparation illuminera tous les cœurs, et elle sera l'arche de salut pour conduire au Ciel le dernier des Élus de Dieu. Ici finit la vision.

C'est une loi du monde physique que la lumière transmet de la lumière, ainsi dans le monde spirituel l'illumination céleste a la vertu de se communiquer aux âmes. Nous avons manifesté en traits rapides la signification mystérieuse des symboles divins de l'apparition de la très-sainte Vierge à Pontmain, c'est à chacun de nous de méditer à loisir sur les grandes vérités que nous avons dévoilées.

A la Salette, à Lourdes, au Gerretto, la très-sainte Vierge avait annoncé la venue de son règne, mais dans son apparition à Pontmain elle dissipe tout doute et ne laisse lieu à aucune hésitation. Au milieu des malheurs que nous allons traverser, les méchants seront exterminés, les Anges de l'abîme les frapperont sans miséricorde et sans pitié ; en vain ils iraient jusque dans nos églises embrassant les colonnes de l'autel pour sauver leur vie, ils seront punis. Quant aux bons, Dieu enverra des légions d'Anges pour les préserver contre le fer et le feu et parmi tous les dangers. Heureux ceux qui aiment l'auguste Reine des Anges, car ils verront le jour de son règne.

ÉPILOGUE

L'Église verra luire les jours de son triomphe ; la France, redevenue la Fille aînée de l'Église, reprendra sa prépondérance dans le monde et son rang à la tête de la vraie civilisation : nous en avons pour garant les paroles solennelles de l'auguste Vierge Marie à Pontmain et en même temps le mouvement que le Ciel opère dans les esprits et dans les cœurs. Les pieux pèlerins affluent en ce lieu dont le nom a retenti jusqu'aux extrémités de la terre. C'est pourquoi nous serons sauvés.

Il est vrai que les maux dont nous sommes atteints paraissent sans remède, mais la souveraine Impératrice sait triompher de tous les obstacles ; rien n'est impossible à sa toute-puissance, à son amour, et aux excès de sa miséricorde pour ainsi dire infinie. Sans doute il faut nous attendre encore à voir des fléaux et des calamités s'abattre sur nous, mais la prière solennelle et publique les restreindra dans les limites qui nous permettront le salut. Il faut tourner nos regards vers l'auguste Vierge de Pontmain, la prier de venir à notre secours, la conjurer de ranger en bataille ses anges fidèles et l'issue de la lutte ne saurait être douteuse. La victoire du bien sur le mal est assurée.

Quiconque a vu le pèlerinage de Pontmain ne saurait plus révoquer en doute que le règne de Marie est proche, et par Elle adviendra le règne de Dieu sur la terre. Il suffit de voir les prêtres accourir en si grand nombre pour prier et se consacrer à la Reine du Ciel, et en même temps, les fidèles, non plus par groupes, mais par paroisses, venir des points les plus éloignés, pour avoir une espérance sans hésitation. A ces deux caractères qui distinguent le pèlerinage il faut reconnaître les desseins du Ciel pour accorder le pardon et faire briller l'ère de la bénédiction , de la prospérité et du bonheur.

Pontmain est placé dans une position d'un choix divin ; situé aux extrémités de la Mayenne, il touche aux confins de la Bretagne catholique, de la fidèle Normandie; aussi les pèlerins des diocèses de Rennes et de Coutances y accourent avec le même empressement que ceux du diocèse de Laval. Le département de l'Orne est voisin ; du reste les voies ferrées rapprochent maintenant toute distance, et chacun peut se donner sans grande difficulté le bonheur et la joie d'aller puiser à la source les bénédictions que la céleste Impératrice du Ciel èt de la terre se plaît à répandre à flots à Pontmain.

Le premier fruit que le pieux pèlerin recueille de son pèlerinage à Pontmain, c'est une foi vive et inébranlable que le Ciel fera miséricorde à la terre. Il voit aussi et il comprend que le moyen de salut c'est la prière, non plus seulement une prière isolée et privée, mais une prière solennelle, faite par les paroisses avec les prêtres à la tête, par les diocèses avec les Pontifes présidant aux supplications adressées à l'auguste Vierge Marie.

Le second fruit est un amour nouveau pour la vertu, pour tout ce qui favorise la piété et la dévotion. Dans ce lieu béni et privilégié la céleste Reine des anges a répandu un baume suave, dont les âmes saintes sentent l'action active et pénétrante, et qui procure à l'âme une joie douce, vivifiante et pure. C'est là un nouveau Thabor où les bénédictions coulent à torrents. Heureux les pèlerins de Pontmain ! Nous les conjurons de nous faire l'aumône d'une prière, et de supplier en même temps l'auguste Vierge pour l'œuvre de son amour annoncée et prédite par le symbole mystérieux de *deux petites croix blanches*, qui étaient, disent les enfants, *comme plantées sur ses épaules.* Vive à jamais Jésus, Marie, Joseph.

Imprimerie L. Toinon et Cie, à Saint-Germain.